Eiscremes – Sorbets – Parfaits

Thuri Maag – Armin Zogbaum

Eiscremes
Sorbets
Parfaits

FONA

Die Rezepte

Wo nicht anders vermerkt, sind die Rezepte für 4 Personen berechnet.

Abkürzungen l = Liter, dl = Deziliter, ml = Milliliter, EL = Esslöffel, KL = Kaffeelöffel, g = Gramm

Impressum

Zweite Auflage 2006

www.fona.ch

Verantwortlich für das Lektorat: Léonie Haefeli-Schmid

Gestaltung Cover: Dora Eichenberger-Hirter, Birrwil

Gestaltung Inhalt: Andrea Heimgartner, Zürich

Foodbilder und Kapiteleinstiege: Armin Zogbaum, Zürich

Bilder im Einführungsteil: Armin Zogbaum, Zürich (Seiten 12, 14, 16);
Andreas Thumm, Freiburg i. Br. (Seiten 15, 19); getty images, München (Seite 17);
Pro Specie Rara, Aarau (Seite 20); Ralf Kabelitz, Schopfheim (Seite 21)

Druck und Bindung: Uhl, Radolfzell

ISBN 3-03780-163-8

Inhalt

Vorwort

Selbst gemachtes Eis hat keine Konkurrenz

Es sei nicht zuviel versprochen. Eine kulinarische Sternstunde erwartet all jene, die den ersten Schritt wagen und ihr Eis selber herstellen: Sorbets und Eis, die uns mit dem untrüglichen Aroma von frischen Beeren und Früchten, von feiner Schokolade und feinem Karamell ... verwöhnen. Selbst gemachtes Eis zergeht auf der Zunge und hinterlässt im Gaumen keinen unangenehmen Geschmack. Sorbets und Eis passen gut in die Naturküche. Die kalten Köstlichkeiten – wenn Früchte im Spiel sind – werden ausnahmslos aus Saisonprodukten hergestellt, und dies zwölf Monate im Jahr. Der Aufwand ist klein, das Resultat überzeugend: selbst gemachtes Eis hat keine Konkurrenz.

Eis-Abc

Abricotine	Destillat von Aprikosen
Akazienhonig	Geschmacksneutraler Honig. Hoher Fruchtzuckergehalt. Flüssiger Blütenhonig. Dank mildem, relativ neutralem Geschmack besonders gut geeignet für Sorbets (außer Sorbets auf Blütenbasis), Eiscremes, Parfaits usw. Idealer Ersatz für weißen Zucker.
Armagnac	Edler Weinbrand aus Südwest-Frankreich. Wird wie Cognac hergestellt.
Aromastoffe	Natürliche Aromaträger sind Früchte, Nüsse, aromaintensive Kräuter, Kakaopulver, karamellisierter Zucker, Gewürze wie Ingwer, Zimt, Vanillemark.

B

Batida de Coco	Brasilianischer weißer Kokosnusslikör
Blue Curaçao	Blauer Orangenlikör

C

Cassis	Saft der schwarzen Johannisbeere. Erlangte dank dem gleichnamigen Likör und dem Kir Royal (Cassislikör mit Champagner) Weltruhm.
Chantilly	Gesüßte(r), mit Vanille leicht aromatisierter Schlagrahm/Schlagsahne
Cognac	Aus Wein gewonnener edler Weinbrand. Im Eichenfass gelagert und gereift. Der Name ‹Cognac› ist geschützt. Nur Weinbrand aus den Departementen Charente und Charente Maritime (F) dürfen den Namen verwenden.
Cointreau	Likör auf Basis von Orangenschalen
Couverture	Schokolade mit hohem Fettanteil und deshalb leichter zu verarbeiten. Erhältlich im Fachgeschäft, in der Konditorei und in der Bäckerei.
Crème fraîche	Dickflüssiger Sauerrahm/saure Sahne mit hohem Fettanteil (30–40 %). Eine Gaumenfreude ist unpasteurisierter Sauerrahm/saure Sahne ohne Zusatzstoffe.

E

Eis, hart	Zu geringer Zuckeranteil
Eis, weich	Zu großer Zuckeranteil
Eisbombe	Eine/mehrere Eissorten werden in einer Halbkugel (Eisbombe) gefroren.
Eismaschine	Soll ein Eis cremig und von luftiger Konsistenz sein, dann benötigt man eine Eis- oder Sorbetmaschine (Ausnahmen: Parfait, Eissoufflé, geeiste Zabaione, aus gefrorenem Fruchtmark hergestelltes Sorbet/Eis). Im Tiefkühler hergestelltes Eis kann bei erstklassigen Rohprodukten geschmacklich befriedigen, auf der Zunge sind die vielen großen Eiskristalle aber sehr störend und bereiten wenig kulinarischen Genuss.
Eismaschine (Kauf)	Bevor man sich im Elektro- oder Spezialgeschäft umsieht, die eigenen Bedürfnisse abklären: 1. Wird die Eismaschine häufig oder nur sporadisch gebraucht? 2. Volumen des Eisbehälters. 3. Raum im Tiefkühler: Es sollte genügend Platz vorhanden sein, um Kühlelement(e) im Tiefkühler aufbewahren zu können. Nur so kann man spontan und in kurzer Zeit ein Eis zubereiten. Der für das Element benötigte Platz wird später für das Eis gebraucht. Je nach Leistung der Eismaschine muss das Eis im Tiefkühler noch nachgefroren werden, wenn man es mit einer Eiszange/Eisportionierer oder einem Eislöffel portionieren will. Es gibt auch Eismaschinen, die ohne Kühlelemente arbeiten (wesentlich teurer) und Maschinen für Profis, die ein noch luftigeres Eis in kürzerer Zeit garantieren.

F

Flambieren — Parfaits oder Soufflés mit hochprozentigem Alkohol (Cointreau, Grand Marnier usw.) übergießen und anzünden.

Fruchtmark
(aus gekochten Früchten) — Stein- und Kernobst je nach Rezept und Fruchtart schälen, entkernen oder entsteinen. Ohne Wasserzugabe (je nach Rezept mit oder ohne Zucker) weich garen. Früchte pürieren und durch ein Chromstahlsieb streichen.

Fruchtmark
(aus frischen Früchten) — Frische Beeren (Erdbeeren, Brombeeren, Heidelbeeren, Himbeeren, Holunderbeeren, Stachelbeeren, Johannisbeeren) pürieren und durch ein Chromstahlsieb streichen. Im Sieb bleiben Häutchen und Samen zurück. Roh verarbeiten lassen sich auch Melonen, Bananen, Kiwis, Birnen, Zitrusfrüchte, Passionsfrüchte.

Fruchtpüree/-sauce — Rohe und gekochte Früchte gleich wie Fruchtmark zubereiten.

Fruchtsaft — Saft von Zitrusfrüchten (Orangen, Mandarinen, Nektarinen, Zitronen)

Früchte, eingemachte — Konservierte Früchte (heiß einfüllen, sterilisieren) verlieren durch die Haltbarmachung und Lagerung an Aroma. Deshalb: Früchte nicht zu lange lagern. – Für die Eisherstellung Früchte gut abtropfen lassen. Verarbeitung: siehe Fruchtmark/Fruchtpüree aus rohen Früchten.

Früchte, frische — Frische Früchte gibt es das ganze Jahr. Bei der Herstellung von Eis das saisonale Angebot berücksichtigen: Eis aus reifen Saisonfrüchten hat mehr Aroma und ist erst noch preisgünstiger.

Früchte, gefrorene — Tiefkühlprodukte verlieren bei der Lagerung kontinuierlich an Aroma. Deshalb: gefrorene Früchte und Beeren nicht zu lange lagern. – Für die Eisherstellung Beeren am besten vor dem Gefrieren pürieren und durch ein Chromstahlsieb streichen. Gefrorenes Fruchtmark im Mixer/Cutter pürieren. Zucker, Rahm/süße Sahne und Gewürze unterrühren. Servieren (nicht mehr gefrieren).

G

Gefrierdauer
Die Gefrierdauer ist abhängig von der Temperatur der verwendeten Zutaten (sie sollten nach Möglichkeit Kühlschranktemperatur haben). Bei Verwendung einer Eismaschine spielt auch die Zimmertemperatur eine Rolle. Je höher die Raumtemperatur, desto länger dauert der Gefrierprozess.

Gewürztraminer
Weintraube mit viel Geschmack. Der Wein ist körperreich und hat ein unverwechselbares Aroma. Ideal für Sorbets und warme Desserts.

Grand Marnier
Likör auf der Basis von Orangendestillat und Cognac

Granité
Körniges Wassereis aus Fruchtsaft oder anderen Getränken. Eine der ältesten und einfachsten Eisspezialitäten. Ursprünglich wurde zerkleinertes Natureis (oder im Winter Schnee) mit Fruchtsaft übergossen. In der Karibik und auch im Orient bieten Eisverkäufer heute noch vom Block geschabtes Eis mit farbigem Sirup in den Straßen an. Das Eis kann auch grob zerkleinert und im Mixerglas/Cutter gehackt werden.

Granité au Champagne
Ein tiefes Geschirr (am besten ein Chromstahlgeschirr) mit Puderzucker bestäuben. Champagner 2 cm hoch einfüllen und gefrieren lassen. 2 bis 3 Mal stündlich umrühren. Das Champagnereis mit einem Löffel abschaben und in vorgekühlte hohe Gläser füllen. Mit wenig gekühltem Champagner übergießen.

H

Haltbarkeit

Das Eis immer in einer gut schließenden Tiefkühldose aufbewahren. Eine lange Tiefkühlzeit sollte vermieden werden, da Eis aus natürlichen Zutaten, frei von Zusatzstoffen (siehe Zusatzstoffe), bei einer längeren Lagerung sein ausgeprägtes Aroma verliert. Durch den Feuchtigkeitsverlust (alle Tiefkühlprodukte sind davon betroffen) wird das Eis spröde.

Honig

Honig hat je nach Sorte einen mehr oder weniger ausgeprägten Eigengeschmack. Die ‹Toleranzgrenze› ist fließend. Grundsätzlich kann gesagt werden: der geschmacksneutrale Akazienhonig (er wird aus Wildblüten hergestellt) kann außer für Blütensorbets (für Blütenaromas ist er zu dominant) für alle Eissorten verwendet werden. Für Eiscreme (mit Früchten und Aromastoffen) lohnt sich auch ein Versuch mit Blüten- und Waldhonig, um die persönlichen Vorlieben kennenzulernen. Nachteil: Durch das Erhitzen geht leider ein Teil der wertvollen Inhaltsstoffe verloren.

I

Ingwer Hellbraune Wurzel aus Asien. Erhältlich in Frischkostläden und auch in Supermärkten. Frischer Ingwer ist zart, ältere Wurzeln sind ziemlich grobfaserig. Fein gerieben, entwickelt er sein bisweilen scharfes Aroma am besten (Bircher-Rohkostreibe).

K

Karamell Den weißen Zucker in einem hoch erhitzbaren Kochtopf (ideal ist ein Topf aus Gusseisen) flüssig werden lassen, die Flüssigkeit zufügen und den Karamell unter Rühren auflösen. Zu lang und zu hoch erhitzter Karamell schmeckt bitter.

Keimvermehrung Vor allem Eis auf Milchprodukte- und Eibasis bietet einen guten Nährboden für die Keimvermehrung. Dagegen hilft: 1. Auf sauberes Geschirr achten. 2. Die erhitzten Zutaten im Eiswasser (Wasser mit Eiswürfeln) abkühlen und dann zur weiteren Kühlung zugedeckt in den Kühlschrank stellen. 3. Das Eis bei nicht sofortiger Verwendung in eine gut schließende Tiefkühldose umfüllen und in den Kühlschrank oder in den Tiefkühler stellen. 4. Das Eis möglichst rasch aufbrauchen.

Kühlaggregate (Eismaschine) Kühlaggregate im Tiefkühler aufbewahren. Nur so kann man spontan ein Eis zubereiten.

M

Marc	Destillat aus vergorenem Traubentrester
Marie Brizard	Likör mit Anisaroma. Zum Parfümieren von Parfaits.
Marillenschnaps	Österreichische Bezeichnung für Aprikosenschnaps
Marsala	Süßlicher Aperitif- und Dessertwein aus Sizilien (bis zu 18 % Alkohol)
Meringue	Schaumgebäck aus Eischnee und Zucker. Eischneemasse entweder mit einem Spritzsack (Sterntülle) auf ein mit Backpapier belegtes Blech spritzen oder mit einem Esslöffel große Tupfen auf das Papier setzen. Im Ofen bei 70 bis 100 °C langsam trocknen lassen.
Milch	Frischmilch oder pasteurisierte Milch verwenden. Je höher der Fettgehalt der Milch (Vollmilch) ist, desto feiner und cremiger wird das Eis.

N

Nougat	Besteht aus gerösteten, geriebenen Mandeln oder Haselnüssen, Honig, Zucker und Kakaobutter.

O

Omelette surprise	Den Biskuitboden auf eine feuerfeste Platte legen, mit Likör beträufeln. Fruchtsalat darauf verteilen. Eiscreme oder Sorbet pyramidenförmig darauf anrichten. Mit Eischnee bedecken. Glatt streichen, garnieren. Im vorgeheizten Backofen auf Grillstufe kurz überbacken.

P

Parfait

Halbgefrorenes. Lässt sich auch ohne Eismaschine herstellen. Meist auf Eibasis. Die Eigelbe werden zusammen mit dem Zucker zuerst warm (über dem heißen Wasserbad) und dann kalt (Wasser mit Eiswürfeln) aufgeschlagen. ‹Aromageber› sind Kaffee, Schokolade, Beeren, Nüsse, Likör, Wein, Grüntee usw.

Passieren

siehe Spitzsieb

Pêche Melba

Eine der berühmtesten und besten Eisspezialitäten, würde man sie nach dem Originalrezept von G. Auguste Escoffier zubereiten: ‹Man nehme gut reife weiße Pfirsiche, tauche sie in das Wasser, schrecke sie sofort im Eiswasser (Wasser mit Eiswürfeln gekühlt) ab und schäle sie vorsichtig (nur unreife Früchte kochte Escoffier in einem leichten Zuckersirup). Die halbierten Pfirsichhälften auf Vanillerahmeis anrichten und mit frischem gesüßtem Himbeerpüree übergießen. Die Süßspeise verdankt ihren Namen der Tänzerin Nelly Melba. Im Originalrezept wird weder Rahm/Sahne noch eine andere Dekoration verwendet.

Portwein/Porto

Aperitif und Dessertwein aus Porto/Portugal. Während der Gärung wird dem Portwein/Branntwein Zucker zugesetzt, mit dem Ziel, dass der natürliche Zucker nicht gänzlich in Alkohol umgewandelt wird. Deshalb ist der Portwein meistens süßer als andere Weine, obwohl es auch hier trockene, halbtrockene und süße Sorten gibt.

Pürieren

Rohe und gekochte Beeren und Früchte im Mixerglas oder mit dem Stabmixer zu einer dickflüssigen Masse verarbeiten.

Q

Quark

Rahm-/Sahnequark, Halbfett- und Magerquark ist in allen Lebensmittelläden erhältlich. Reformhäuser, Bio- und Spezialläden bieten auch Frischquark aus Frischmilch an. Ein Versuch lohnt sich. Frischquark ist von sämiger Konsistenz und hat ein feines Aroma.

S

Sauberkeit

Bei Geräten und Küchenutensilien auf Sauberkeit achten (siehe Keimvermehrung). Deshalb Küchenutensilien vor Gebrauch heiß abspülen.

Sherry

Als Aperitif- und Dessertwein weltweit bekannter Weißwein aus Spanien (Andalusien). Die Stadt Jerez de la Frontera (alte Schreibweise: Xérès) gab ihm seinen Namen. Man bekommt ihn von trocken (Fino) bis süß und sehr süß (Cream und Old Brown). Sherry wird zum Parfümieren von Halbgefrorenem (Zabaione) verwendet.

Sliwowitz

Destillat aus süßen Pflaumen

Spitzsieb
aus Chromstahl

Ideal zum Passieren (Durchdrücken) von Fruchtpürees, mit dem Ziel, Samen, Häutchen usw. vom Fruchtmus/-saft zu trennen. Zum Durchdrücken eignet sich ein robuster Suppen- oder Saucenlöffel.

Soufflé

Für die Herstellung eines Soufflés eignet sich eine Parfaitmasse oder eine geeiste Zabaione. Portionenförmchen oder eine große Form ‹künstlich› vergrößern, indem man einen Papierstreifen umlegt. Ein Pergamentpapier in Streifen schneiden und diesen auf einer Seite mit weicher Butter bestreichen. Den Papierstreifen auf der inneren Seite der Form ankleben (die Butter dient als Klebstoff), und zwar so, dass er 3 bis 4 cm über den Rand der Form reicht. Die Soufflémasse bis fast an den oberen Papierrand einfüllen. Das Soufflé im Tiefkühler fest werden lassen. Gefrierzeit: 3 bis 4 Stunden. Papierstreifen vor dem Servieren entfernen. Fruchtsoufflés mit Puderzucker bestäuben, alle übrigen mit Schokoladenpulver.

Spoom

Sorbet mit Eischnee. Das fast gefrorene Sorbet wird mit leicht gesüßtem Eischnee vermischt. Spoom in einen Spritzbeutel füllen und in hohe Gläser spritzen.

T

Temperatur der Zutaten Alle Zutaten sollen die gleiche Temperatur (Kühlschranktemperatur) haben. Erhitzte oder gekochte Lebensmittel zugedeckt bei Raumtemperatur auskühlen lassen und dann für etwa 2 Stunden in den Kühlschrank stellen (Fruchtpüree/Fruchtmark für kurze Zeit in den Tiefkühler stellen). Vorteile: Die Zutaten binden besser, das Eis wird feinporiger, der Gefrierprozess wird verkürzt.

Tiefkühlgerät Zum Aufbewahren von Eis ist eine Temperatur von mindestens minus 18 °C notwendig.

W

Wald- und Wildbeeren Wegen Infektionsgefahr (Fuchsbandwurm) vor dem Pürieren unbedingt auf 70 °C erhitzen. Weitere Verarbeitung: siehe ‹Fruchtmark aus frischen Früchten›.

Williams Destillat aus der vergorenen Maische der Williams Birne

X

Xérès Siehe Sherry

Z

Zabaione Schaumcreme, mit Südwein, Champagner oder Likör parfümiert. Weitere Zutaten sind Eigelbe und Zucker. Durch das Aufschlagen über dem heißen Wasserbad wird aus den drei Zutaten eine luftig-leichte Creme.

Zabaione, geeiste Ist etwas dünnflüssiger als eine Parfaitmasse und hat einen hohen Schmelzpunkt. Ideal zum Servieren in Gläsern oder zum Füllen von Puddingformen und Kunststoffbechern.

Zucker Für Blütensorbets nur Kristallzucker verwenden. Ansonsten Zucker oder Honig verwenden.

Zuckermenge Zucker spielt bei Eis eine wichtige Rolle. Zu viel Zucker macht das Eis zu weich, zu wenig Zucker zu hart. Das Eis soll süß, aber nicht zu süß sein. Korrigiert werden kann bei den ‹Begleitern› (Fruchtsauce, Fruchtmark, Früchte), die man sparsam oder gar nicht süßt. Beide zusammen, Früchte und Eis, sollen ein harmonisches Ganzes ergeben. Etwas weniger Zucker braucht es, wenn ein Sorbet sofort serviert wird oder wenn das Gefrorene Alkohol (Likör, Branntwein oder Schnaps) enthält. Der Alkohol macht das Eis weicher.

Zusatzstoffe Ein selbst gemachtes Eis ist frei von Zusatzstoffen. Eis aus industrieller Produktion enthält Hilfsstoffe wie Aroma- und Geschmacksverstärker, Konsistenzverbesserer (damit das Eis cremig bleibt und auf der Zunge zergeht), Stabilisatoren, Emulgatoren, optische Verbesserer (Farbstoffe) usw.

Beerensorbets

Fruchtsorbets – Granités – Wassereis

Blütensorbets

Sorbets aus Tee und Kaffee

Sorbets auf Alkoholbasis

Erdbeersorbet

500 g reife, aromatische
Erdbeeren (4 dl/400 ml Püree)
1 Zitrone, Saft
100–120 g Zucker,
je nach Süße der Beeren

1 Die Erdbeeren waschen, entstielen, je nach Größe klein schneiden. Die Beeren pürieren, das Püree durch ein Chromstahlsieb streichen. Etwa einen Kaffeelöffel Samen dem Püree wieder zufügen.

2 Erdbeerpüree, Zitronensaft und Zucker verrühren. Im Kühlschrank oder im Tiefkühler vorkühlen.

3 Die Sorbetmasse in die laufende Eismaschine gießen und gefrieren lassen. Gefrierzeit: 20 bis 25 Minuten.

Himbeersorbet

500 g reife, aromatische
Himbeeren (4 dl/400 ml Püree)
ein Schuss Himbeerlikör
(für Kinder weglassen)
1 Zitrone, Saft
100–120 g Zucker,
je nach Süße der Himbeeren

1 Die Himbeeren pürieren, das Püree durch ein Chromstahlsieb streichen.

2 Himbeerpüree, Himbeerlikör, Zitronensaft sowie Zucker verrühren. Im Kühlschrank oder Tiefkühler vorkühlen.

3 Die Sorbetmasse in die laufende Eismaschine gießen und gefrieren lassen. Gefrierzeit: 20 bis 25 Minuten.

Johannisbeersorbet

600 g reife, süße Johannisbeeren
(4 dl/400 ml Püree)
150–170 g Zucker, je nach
Süße der Johannisbeeren

1 Die Beeren an den Rispen waschen, die Beeren ablesen/abstreifen. Die Johannisbeeren pürieren, das Püree durch ein Chromstahlsieb streichen.

2 Johannisbeerpüree und Zucker verrühren. Im Kühlschrank oder Tiefkühler vorkühlen.

3 Die Sorbetmasse in die laufende Eismaschine gießen und gefrieren lassen. Gefrierzeit: 20 bis 25 Minuten.

Stachelbeersorbet

600–700 g gut reife Stachelbeeren (4 dl/400 ml Püree)
150 g Zucker

1 Die Stachelbeeren pürieren, das Püree durch ein Chromstahlsieb streichen.
2 Stachelbeerpüree und Zucker verrühren. Im Kühlschrank oder Tiefkühler vorkühlen.
3 Die Sorbetmasse in die laufende Eismaschine gießen und gefrieren lassen. Gefrierzeit: 20 bis 25 Minuten.

Schlehdornbeerensorbet

ca. 600 g Schlehdornbeeren (2½ dl/250 ml Saft)
2½ dl/250 ml Wasser
150–200 g Zucker

1 Die gewaschenen Früchte in eine Schüssel geben und mit Wasser knapp bedecken. Über Nacht in den Kühlschrank stellen.
2 Das Einweichwasser weggießen. Die Früchte zusammen mit dem Wasser (2½ dl/250 ml) aufkochen, 10 Minuten bei schwacher Hitze kochen. Den Topfinhalt durch ein Chromstahlsieb passieren, die Früchte leicht ausdrücken, den Saft auffangen, den Zucker unterrühren. Die Sorbetmasse bei Zimmertemperatur auskühlen lassen. Zum Vorkühlen in den Kühlschrank oder in den Tiefkühler stellen.
3 Den gekühlten Saft in die laufende Eismaschine gießen und gefrieren lassen. Gefrierzeit: 20 bis 25 Minuten.

Schlehdornbeeren/Schlehen Werden auch Schwarzdorn, Sauerpflaume, Heckendorn, Hageldorn, Steckdorn genannt. Es handelt sich um eine kugelige blauschwarz gefleckte saftige Steinfrucht mit grünem Fruchtfleisch und einem großen Steinkern. Geerntet werden die Beeren nach den ersten Frostnächten im Herbst.

Holunderbeersorbet

Sorbet

2½ dl/250 ml Holunderbeersirup

½ dl/50 ml Holunderbeerlikör

1 dl/100 ml Wasser

½ Zitrone, Saft

Holunderbeersirup

ergibt ca. ¾ l Sirup

1½ kg Holunderbeerdolden

(1 kg entstielte Beeren)

1 dl/100 ml Wasser

500 g Zucker

Holunderbeerlikör

ca. 1½ kg Holunderbeerdolden

(1 kg entstielte Beeren)

150 g Zucker

9 dl/900 ml klarer Holunderschnaps (je Liter Fruchtsaft)

1 Für das Sorbet Holunderbeersirup, Holunderbeerlikör, Wasser und Zitronensaft verrühren. Im Kühlschrank oder im Tiefkühler vorkühlen.

2 Die Sorbetmasse in die laufende Eismaschine gießen und gefrieren lassen. Gefrierzeit: 20 bis 25 Minuten.

Sirup Die Holunderdolden waschen, die Beeren abstielen. Die Beeren mit dem Wasser in einem großen Topf aufkochen, bei schwacher Hitze 20 Minuten kochen. Den Topfinhalt durch ein Chromstahlsieb oder ein feines Tuch passieren, Holunderbeeren leicht ausdrücken, den Saft auffangen. Saft zusammen mit dem Zucker aufkochen, auskühlen lassen.

Likör Die Holunderbeeren waschen, abstielen. Die Holunderbeeren mit dem Zucker in einem großen Topf aufkochen, 1 Stunde stehen lassen. Den Topfinhalt durch ein Chromstahlsieb oder ein feines Tuch passieren, die Holunderbeeren leicht ausdrücken, den Sirup auffangen und auskühlen lassen. Mit dem klaren Holunderschnaps verrühren. In Flaschen abfüllen.

Holunderbeeren Dunkelviolette kugelige Beeren. Schmecken herb und süßsäuerlich. Erntezeit August bis September.

Heidelbeersorbet

600 g reife, aromatische Heidelbeeren/Blaubeeren

(4 dl/400 ml Püree)

ein Schuss Heidelbeerlikör

(für Kinder weglassen)

120–150 g Zucker, je nach Süße der Früchte

1 Die Heidelbeeren pürieren, das Püree durch ein Chromstahlsieb streichen.

2 Heidelbeerpüree, Heidelbeerlikör und Zucker verrühren. Im Kühlschrank oder Tiefkühler vorkühlen.

3 Die Sorbetmasse in die laufende Eismaschine gießen und gefrieren lassen. Gefrierzeit: 20 bis 25 Minuten.

Brombeersorbet

600 g reife, aromatische Brombeeren (4 dl/400 ml Püree)
ein Schuss Brombeerlikör (für Kinder weglassen)
120–150 g Zucker, je nach Süße der Früchte

1 Die Brombeeren pürieren, das Püree durch ein Chromstahlsieb streichen.

2 Brombeerpüree, Brombeerlikör und Zucker verrühren. Im Kühlschrank oder Tiefkühler vorkühlen.

3 Die Sorbetmasse in die laufende Eismaschine gießen und gefrieren lassen. Gefrierzeit: 20 bis 25 Minuten.

Tipp Die Brombeeren vor dem Pürieren aufkochen, das Sorbet bekommt so eine schönere Farbe.

Orangensorbet-Lutscher (Wassereis)

für 6 Lutscher
6 dl/600 ml frisch gepresster Orangensaft
Zucker nach Belieben

1 Den Orangensaft mit dem Zucker verrühren. Im Kühlschrank oder im Tiefkühler vorkühlen.

2 Den Orangensaft in Kunststoffförmchen mit Stiel füllen, verschließen. Im Tiefkühler durchfrieren lassen.

Variante Den Fruchtsaft in die laufende Eismaschine gießen und gefrieren lassen. Gefrierzeit: 25 bis 30 Minuten.

Abbildung

Orangensorbet (Fruchtfleisch)

600 g saftige Blut- oder Blondorangen oder
400 g Orangenfilets
150 g Zucker

1 Die Orangen mit einem Messer großzügig schälen. Die Fruchtfilets aus den Trennwänden lösen, die Kerne entfernen. Das Fruchtfleisch im Mixerglas zerkleinern, den Zucker unterrühren. Die Fruchtmasse im Kühlschrank oder im Tiefkühler vorkühlen.

2 Das Orangenpüree in die laufende Eismaschine gießen und gefrieren lassen. Gefrierzeit: 20 bis 25 Minuten.

Birnensorbet

400 g gut reife süße Birnen, z. B. Williams
½ Zitrone, Saft
1 dl/100 ml Wasser
150 g Zucker
einige Spritzer Williamsschnaps nach Belieben

1 Das Wasser mit dem Zucker aufkochen, abkühlen lassen.
2 Die Birnen schälen, vierteln und entkernen, die Fruchtviertel klein schneiden, sofort mit dem Zitronensaft und dem Zuckerwasser pürieren. Den Williamsschnaps unterrühren. Das Püree im Kühlschrank oder im Tiefkühler vorkühlen.
3 Die Sorbetmasse in die laufende Eismaschine gießen und gefrieren lassen. Gefrierzeit: 20 bis 25 Minuten.

Tipp Festen, reifen Birnen einen Deckel abschneiden, mit einem Kugelausstecher aushöhlen. Birnensorbet in einen Spritzbeutel mit Sterntülle füllen, in die Birnen spritzen.

Abbildung

Mirabellensorbet

400 g gut reife Mirabellen
1½ dl/150 ml Wasser
½ Zitrone, Saft
150 g Zucker
einige Spritzer Mirabellenschnaps nach Belieben

1 Die Mirabellen waschen, halbieren und entsteinen.
2 Mirabellen, Wasser, Zitronensaft und Zucker aufkochen, die Früchte bei schwacher Hitze weich garen. Pürieren und durch ein Chromstahlsieb streichen. Auskühlen lassen, im Kühlschrank oder Tiefkühler vorkühlen. Schnaps unterrühren.
3 Die Sorbetmasse in die laufende Eismaschine gießen und gefrieren lassen. Gefrierzeit: 20 bis 25 Minuten.

Kirschsorbet

4 dl/400 ml Wasser
200 g Zucker
150–200 g reife Kirschen (100 g entsteinte, gehackte Kirschen)
einige Spritzer Kirsch

1 Das Wasser mit dem Zucker aufkochen. Abkühlen lassen.
2 Den Zuckersirup mit den Kirschen und dem Kirsch verrühren. Im Kühlschrank oder im Tiefkühler vorkühlen.
3 Die Fruchtmasse in die laufende Eismaschine gießen und gefrieren lassen. Gefrierzeit: 20 bis 25 Minuten.

Aprikosensorbet

400 g sonnengereifte süße Aprikosen
1½ dl/150 ml Wasser
½ Zitrone, Saft
½ Vanilleschote, aufgeschnitten
150 g Zucker
einige Spritzer Abricotine (Aprikosenschnaps) nach Belieben

1 Die Aprikosen waschen, halbieren und entsteinen. Die Fruchthälften klein schneiden.

2 Aprikosen, Wasser, Zitronensaft, abgestreiftes Vanillemark und Zucker aufkochen, die Früchte bei schwacher Hitze weich garen. Den Topfinhalt pürieren und durch ein Chromstahlsieb streichen. Püree bei Zimmertemperatur auskühlen lassen, im Kühlschrank oder im Tiefkühler vorkühlen. Den Aprikosenschnaps unterrühren.

3 Die Fruchtmasse in die laufende Eismaschine gießen und gefrieren lassen. Gefrierzeit: 20 bis 25 Minuten.

Variante Nach gleichem Rezept ein Zwetschgensorbet zubereiten. Abricotine durch einige Spritzer Pflaumenwasser oder Sliwowitz ersetzen.

Tipp Aprikosen- zusammen mit Zwetschgensorbet mit Waffeln (Seite 82) servieren. Mit Blütenblättern garnieren.

Abbildung

Pfirsichsorbet

400 g gut reife gelbe oder weiße Pfirsiche
1½ dl/150 ml Wasser
½ Vanilleschote, aufgeschnitten
½ Zitrone, Saft
100–150 g Zucker, je nach Süße der Früchte

1 Die Pfirsiche waschen, halbieren und entsteinen. Die Fruchthälften klein schneiden.

2 Pfirsiche, Wasser, Zitronensaft, abgestreiftes Vanillemark und Zucker aufkochen, die Früchte bei schwacher Hitze weich garen. Den Topfinhalt pürieren und durch ein Chromstahlsieb streichen. Püree bei Zimmertemperatur auskühlen lassen, im Kühlschrank oder im Tiefkühler vorkühlen.

3 Die Fruchtmasse in die laufende Eismaschine gießen und gefrieren lassen. Gefrierzeit: 20 bis 25 Minuten.

Granité aus Wassermelonen-Saft

1 kg Wassermelonen
(800 g Fruchtfleisch)
1 EL Grenadinesirup
2 EL Zucker

1 Wassermelone schälen und entkernen, Fruchtfleisch klein schneiden. Fruchtfleisch, Sirup und Zucker fein pürieren, durch ein Chromstahlsieb streichen, die Rückstände gut ausdrücken.
2 Wassermelonensaft in die laufende Eismaschine gießen und gefrieren lassen. Gefrierzeit: 20 bis 25 Minuten. Masse in eine flache Tiefkühldose füllen, im Tiefkühler fest werden lassen.
3 Das Melonensorbet von Hand zerstoßen oder im Cutter/Mixerglas grob hacken. In Gläsern oder Schalen anrichten.

Abbildung

Zuckermelonensorbet

1 reife Honig-, Netz- oder Zuckermelone (300 g Melonenfleisch)
½ Zitrone, Saft
1 dl/100 ml Wasser
150 g Zucker

1 Das Wasser mit dem Zucker aufkochen, abkühlen lassen.
2 Die Melone halbieren und entkernen. Das Fruchtfleisch mit einem Löffel oder einem Kugelausstecher herauslösen, mit dem Zitronensaft und dem Zuckerwasser pürieren. Das Püree im Kühlschrank oder im Tiefkühler vorkühlen.
3 Die Sorbetmasse in die laufende Eismaschine gießen und gefrieren lassen. Gefrierzeit: 20 bis 25 Minuten.

Kiwisorbet

3–4 sehr reife Kiwis
(2½ dl/250 ml Kiwimark)
1 dl/100 ml Zitronensaft
1 dl/100 ml Wasser
180 g Zucker

1 Kiwis schälen und halbieren, die Fruchthälften in einem Messbecher mit einer Gabel zerdrücken und abmessen. Den Zitronensaft unterrühren (so behalten die Kiwis ihre Farbe).
2 Das Kiwimark mit dem Wasser und dem Zucker pürieren. Im Kühlschrank oder im Tiefkühler vorkühlen.
3 Die Sorbetmasse in die laufende Eismaschine gießen und gefrieren lassen. Gefrierzeit: 20 bis 25 Minuten.

Rosenblütensorbet

2½ dl/250 ml Weißwein (Riesling x Sylvaner)
1 dl/100 ml Wasser
1 Zitrone, Saft
50 g Zucker
50 g Traubenzucker
einige offene ungespritzte Duftrosenblütenblätter (40 g Blätter)

1 Die Rosenblüten an einem sonnigen Morgen pflücken. Die Blütenblätter vom Blütenstängel zupfen. Den bitteren Blattansatz wegschneiden. Am besten geht das, wenn man alle Blütenblätter auf einmal von der Blüte abdreht und dann mit einer sauberen Schere den hellen Blattansatz aller Blätter auf einmal abschneidet. Die Blütenblätter falls nötig mit einem Pinsel säubern (Insekten).

2 Weißwein, Wasser, Zitronensaft, Zucker und Traubenzucker gut verrühren. Die Rosenblütenblätter zufügen. Zugedeckt einen Tag stehen lassen.

3 Die Flüssigkeit durch ein feines Tuch oder ein Chromstahlsieb gießen, Blätter gut ausdrücken. Die Sorbetflüssigkeit im Kühlschrank oder Tiefkühler vorkühlen.

4 Die gekühlte Flüssigkeit in die laufende Eismaschine gießen und gefrieren lassen. Gefrierzeit: 25 bis 30 Minuten.

Rosen Blütezeit ist von Juni bis September. Die Blüten können rosa, hellrosa bis weiß sein. Für die Küche nur Rosen ungespritzter Pflanzen verwenden.

Frühlingsblumensorbet

4 dl/400 ml Wasser
150 g Zucker
1 Hand voll Waldmeisterblüten
1 Hand voll Schlüsselblumenblüten
10 Wildrosenblütenblätter (siehe Rosenblütensorbet)
Löwenzahnblume, gezupfte Blütenblätter
½ Zitrone, Saft

1 Das Wasser mit dem Zucker aufkochen, abkühlen lassen.

2 Den Zuckersirup über die Blüten und die Blütenblätter gießen. Zitronensaft zugeben. Einen Tag zugedeckt stehen lassen.

3 Die Flüssigkeit durch ein Chromstahlsieb passieren. Im Kühlschrank oder im Tiefkühler vorkühlen.

4 Die gekühlte Flüssigkeit in die laufende Eismaschine gießen und gefrieren lassen. Gefrierzeit: 25 bis 30 Minuten.

Holunderblütensorbet

3¾ dl/375 ml Holunderblütensekt
1¾ dl/175 ml Holunderblütensirup
½ dl/50 ml Zitronensaft

Holunderblütensirup
½ l Wasser
750 g Zucker
½ Zitrone, in feinen Scheiben
80 g Holunderblüten, bei Sonnenschein gepflückt

1 Für das Sorbet sämtliche Zutaten gut verrühren. Im Kühlschrank oder Tiefkühler vorkühlen.

2 Die gekühlte Flüssigkeit in die laufende Eismaschine gießen und gefrieren lassen. Gefrierzeit: 25 bis 30 Minuten.

Holunderblütensirup Wasser, Zucker und Zitronenscheiben aufkochen. Die Flüssigkeit über die Holunderblüten gießen, in den Topf zurückgießen, abermals aufkochen. Topfinhalt durch ein feines Tuch oder ein Chromstahlsieb passieren, gut ausdrücken. Den Sirup in Flaschen abfüllen.

Holunder Blütezeit des Holunders ist im Juni. Die gelblichweißen Blüten versprühen einen intensiven aromatischen Duft.

Pfefferminzsorbet

4 dl/400 ml Wasser
150 g Zucker
reichlich frische Pfefferminzblätter
½ Zitrone, Saft

1 Das Wasser mit dem Zucker aufkochen, erkalten lassen. So viel Pfefferminzblätter in die Flüssigkeit geben, dass diese mit dem Zuckersirup knapp bedeckt sind. Einen Tag lang zugedeckt stehen lassen. Die Flüssigkeit durch ein Chromstahlsieb passieren, die Blätter ausdrücken. Den Zitronensaft unter den Pfefferminztee rühren.

2 Den Pfefferminztee im Kühlschrank oder Tiefkühler vorkühlen.

3 Die gekühlte Flüssigkeit in die laufende Eismaschine gießen und gefrieren lassen. Gefrierzeit: 25 bis 30 Minuten.

Variante Für ein Zitronenmelissesorbet die Pfefferminzblätter durch reichlich frische Zitronenmelisseblätter ersetzen.

Duftgeraniensorbet

4 dl/400 ml Wasser
150 g Zucker
1 Hand voll frische Zitronen-Duftgeranienblütenblätter
½ Zitrone, Saft

1 Das Wasser mit dem Zucker aufkochen, erkalten lassen. Die Duftgeranienblütenblätter in die Flüssigkeit geben. Einen Tag lang zugedeckt stehen lassen. Die Flüssigkeit durch ein Chromstahlsieb passieren, die Blätter gut ausdrücken. Den Zitronensaft unter die Flüssigkeit rühren.

2 Die Duftgeranienflüssigkeit im Kühlschrank oder Tiefkühler vorkühlen.

3 Die gekühlte Flüssigkeit in die laufende Eismaschine gießen und gefrieren lassen. Gefrierzeit: 25 bis 30 Minuten.

Abbildung

Lindenblütensorbet

4 dl/400 ml Wasser
150 g Zucker
1 Hand voll getrocknete Lindenblüten
½ Zitrone, Saft

1 Das Wasser mit dem Zucker aufkochen, die Lindenblüten zugeben. Zugedeckt 10 Minuten ziehen lassen. Den Lindenblütentee durch ein Chromstahlsieb passieren, abkühlen lassen. Den Zitronensaft unter den Lindenblütentee rühren.

2 Den Lindenblütentee im Kühlschrank oder Tiefkühler vorkühlen.

3 Die gekühlte Flüssigkeit in die laufende Eismaschine gießen und gefrieren lassen. Gefrierzeit: 25 bis 30 Minuten.

Variante Getrocknete Lindenblüten durch Eisenkraut (Verveine) ersetzen. Kein Zitronensaft.

Eiskaffee-Granité

8 dl/800 ml kräftiger Kaffee (Espresso)
80 g Zucker
3 EL Cognac

1 Den Zucker unter den heißen Kaffee rühren, auskühlen lassen. Den Cognac unterrühren. Den Kaffee im Kühlschrank oder Tiefkühler vorkühlen.

2 Den Kaffee in die laufende Eismaschine gießen und gefrieren lassen. Die Sorbetmasse in eine flache Tiefkühldose füllen, im Tiefkühler fest werden lassen.

3 Das Kaffeeeis von Hand zerstoßen oder im Cutter/Mixerglas grob hacken. In Gläsern oder Schalen anrichten.

Abbildung

Sorbet aus Rosé Champagner

1 dl/100 ml Wasser
120 g Zucker
3 dl/300 ml Champagner
½ Zitrone, Saft

1 Das Wasser mit dem Zucker aufkochen. Abkühlen lassen. Rosé Champagner sowie Zitronensaft unter das Zuckerwasser rühren. Die Champagnerflüssigkeit im Kühlschrank oder Tiefkühler vorkühlen.

2 Die gekühlte Flüssigkeit in die laufende Eismaschine gießen und gefrieren lassen. Gefrierzeit: 25 bis 30 Minuten.

Variante Champagner durch Gewürztraminer ersetzen.

Sorbet aus Marc

3½ dl/350 ml Wasser
100 g Zucker
½ Zitrone, Saft
1½ dl/150 ml Marc

1 Das Wasser mit dem Zucker aufkochen. Abkühlen lassen. Zitronensaft sowie Marc unter das Zuckerwasser rühren. Flüssigkeit im Kühlschrank oder Tiefkühler vorkühlen.

2 Die gekühlte Flüssigkeit in die laufende Eismaschine gießen und gefrieren lassen. Gefrierzeit: 25 bis 30 Minuten.

Variante Marc durch Grappa ersetzen.

Eiscreme ohne Eier

Eiscreme klassisch

Vanilleeis – Grundrezept

3 dl/300 ml Milch
1 dl/100 ml Rahm/süße Sahne
100 g Zucker
1 Vanilleschote, aufgeschnitten

1 Milch, Rahm, Zucker und Vanilleschote unter Rühren erhitzen, nicht kochen. Creme im Eiswasser (Wasser mit Eiswürfeln) unter zeitweiligem Rühren abkühlen lassen, im Kühlschrank oder im Tiefkühler vorkühlen. Ab und zu rühren. Die Vanilleschote entfernen, das Mark abstreifen und unter die Creme rühren.
2 Die gekühlte Creme in die laufende Eismaschine gießen und gefrieren lassen. Gefrierzeit: 20 bis 25 Minuten.
Variante Kuhmilch durch Kokosnussmilch ersetzen. Siehe Rezept Eispralinen, Seite 75.

Erdbeereis

400 g reife, aromatische Erdbeeren (3 dl/300 ml Püree)
1 dl/100 ml gut gekühlter Rahm/süße Sahne
80–100 g Zucker

1 Die Erdbeeren waschen, entstielen, je nach Größe klein schneiden. Die Beeren pürieren und das Püree durch ein Chromstahlsieb streichen. Einen Kaffeelöffel der Samen dem Püree wieder zufügen.
2 Das Erdbeerpüree mit dem Zucker verrühren. Im Kühlschrank oder Tiefkühler vorkühlen. Den Rahm unter das Erdbeerpüree rühren. Die Beerencreme in die laufende Eismaschine gießen und gefrieren lassen. Gefrierzeit: 25 bis 30 Minuten.

Himbeer-/Brombeereis

500 g reife, aromatische Himbeeren/Brombeeren (3 dl/300 ml Püree)
1 dl/100 ml gut gekühlter Rahm/süße Sahne
100 g Zucker

1 Die Himbeeren/Brombeeren pürieren, das Püree durch ein Chromstahlsieb streichen.
2 Das Beerenpüree mit dem Zucker verrühren. Im Kühlschrank oder Tiefkühler vorkühlen. Den Rahm unter das Himbeerpüree rühren. Die Beerencreme in die laufende Eismaschine gießen und gefrieren lassen. Gefrierzeit: 25 bis 30 Minuten.

Heidelbeereis

400 g reife
Heidelbeeren/Blaubeeren
(3 dl/300 ml Püree)
1 dl/100 ml gut gekühlter
Rahm/süße Sahne
100 g Zucker

1 Die Heidelbeeren pürieren, das Püree durch ein Chromstahlsieb streichen.
2 Das Heidelbeerpüree mit dem Zucker verrühren. Im Kühlschrank oder Tiefkühler vorkühlen.
3 Den Rahm unter das Heidelbeerpüree rühren.
4 Die Beerencreme in die laufende Eismaschine gießen und gefrieren lassen. Gefrierzeit: 25 bis 30 Minuten.

Waldhonigeis

3 dl/300 ml Milch
1 dl/100 ml gut gekühlter
Rahm/süße Sahne
100 g Waldhonig
1 Vanilleschote, aufgeschnitten

1 Milch, Rahm, Honig und Vanilleschote unter Rühren erhitzen, nicht kochen. Die Creme im Eiswasser (Wasser mit Eiswürfeln) unter zeitweiligem Rühren abkühlen lassen. Im Kühlschrank oder Tiefkühler vorkühlen. Ab und zu rühren. Vanilleschote entfernen, Mark abstreifen und unter die Creme rühren.
2 Die gekühlte Creme in die laufende Eismaschine gießen und gefrieren lassen. Gefrierzeit: 20 bis 25 Minuten.

Schokoladeneis

250 g helle Couverture,
grob gehackt
½ l Milch
100 g Zucker
1 dl/100 ml gut gekühlter
Rahm/süße Sahne

1 Die Milch mit dem Zucker aufkochen. Den Kochtopf von der Wärmequelle nehmen. Die Couverture zufügen, unter Rühren schmelzen. Die Creme unter häufigem Rühren lauwarm abkühlen lassen. Rahm unter die Schokoladencreme rühren.
2 Die Schokoladencreme in die laufende Eismaschine gießen und gefrieren lassen. Gefrierzeit: 30 bis 35 Minuten.
Tipp Je eine Kugel Schokoladeneis zwischen zwei Haselnussmakronen, Seite 88, einklemmen.

Abbildung

Lutscher aus Schokoladeneis

für 12 Lutscher

4 dl/400 ml Milch
250 g Milchschokolade, grob gehackt
2½ dl/250 ml gut gekühlter Halbrahm/süße Sahne

12 Holzstäbchen (Apotheke)

1 Die Milch erhitzen. Den Kochtopf von der Wärmequelle nehmen, Milchschokolade zufügen, unter Rühren schmelzen. Abkühlen lassen. Den Rahm unterrühren.
2 Die Schokoladenmasse in die Förmchen füllen, je ein Holzstäbchen hineinstecken, im Tiefkühler fest werden lassen.

Abbildung

Fruchtiges Quarkeis

3½ dl/350 ml Fruchtmark, Seite 13
200 g Zucker
1 Zitrone, Saft
250 g Rahm-/Sahnequark oder Vollmilchquark

1 Fruchtmark, Zucker, Zitronensaft und Quark gut verrühren. Im Kühlschrank vorkühlen.
2 Die Quarkmasse in die laufende Eismaschine geben und gefrieren lassen. Gefrierzeit: 25 bis 30 Minuten.

Vanille-Quarkeis

200 g Zucker
3½ dl/350 ml Milch
1 Vanilleschote, aufgeschnitten
250 g Rahm-/Sahnequark oder Vollmilchquark

1 Zucker, Milch und Vanilleschote erhitzen. Die Vanillemilch im Eiswasser (Wasser mit Eiswürfeln) unter häufigem Rühren abkühlen lassen. Die Vanilleschote entfernen, das Vanillemark abstreifen und zur Milch geben. Den Quark unterrühren.
2 Vanillequark in die laufende Eismaschine geben, gefrieren lassen. Gefrierzeit: 30 Minuten.

Himbeer-Jogurt-Lutscher

für 8 Lutscher

250 g Himbeeren
100 g Puderzucker
1 Freilandei
2 Becher (360 g) Naturjogurt

8 Holzstäbchen (Apotheke)

1 Die Hälfte der Himbeeren mit 3 Esslöffeln Puderzucker fein pürieren und durch ein Chromstahlsieb streichen.

2 Das Ei mit dem restlichen Puderzucker luftig aufschlagen, unter den Jogurt rühren.

3 Die restlichen Himbeeren mit $3/4$ der Jogurtmasse mischen, in die Förmchen verteilen, je ein Holzstäbchen hineinstecken. 30 Minuten in den Tiefkühler stellen. $2/3$ des Himbeerpürees auf die Förmchen verteilen, 30 Minuten in den Tiefkühler stellen. Die restliche Jogurtmasse mit dem restlichen Himbeerpüree verrühren, auf die Förmchen verteilen, im Tiefkühler fest werden lassen.

Stracciatella-Eis

100 g weiße Schokolade
1 Becher (1,8 dl/180 ml) Rahm/süße Sahne
1 Becher (180 g) Naturjogurt
50 g Zucker
50 g Zartbitter-Schokoraspel

1 Die weiße Schokolade in grobe Stücke brechen, mit dem Rahm unter Rühren erhitzen, bis die Schokolade geschmolzen ist. Zuerst bei Zimmertemperatur abkühlen lassen, dann zum Durchkühlen in den Kühlschrank stellen.

2 Jogurt, Zucker und Schokoraspel unter den Schoko-Rahm rühren.

3 Die Schoko-Creme in die laufende Eismaschine gießen und gefrieren lassen. Gefrierzeit: 20 Minuten.

Erdbeer-Jogurt-Eis

für ca. 30 Würfel

500 g Erdbeeren
1 Becher (180 g) Naturjogurt
100 g Zucker
1 EL Limettensaft

500 g Erdbeeren für die Garnitur

1 Die Erdbeeren waschen, enstielen und klein schneiden, mit Jogurt, Zucker und Limettensaft fein pürieren.
2 Die Masse in Eiswürfelformen oder in eine flache Form füllen. Im Tiefkühler fest werden lassen.
3 Die Eiswürfel aus den Formen drücken und im Kühlschrank 10 Minuten antauen lassen. Oder das Eis in der flachen Form im Kühlschrank 10 Minuten antauen lassen, in Würfel portionieren. Mit den Erdbeeren anrichten.

Abbildung

Rhabarber-Jogurt-Eis

350 g roter Rhabarber
75 g Erdbeeren
150 g Zucker
1¼ dl/125 ml Wasser
125 g Naturjogurt

1 Den Rhabarber ungeschält grob würfeln. Die Erdbeeren entstielen und klein schneiden.
2 Rhabarber, Erdbeeren, Zucker sowie Wasser aufkochen, die Früchte bei schwacher Hitze zerfallen lassen. Den Topfinhalt pürieren, durch ein Chromstahlsieb streichen. Auskühlen lassen.
3 Den Jogurt unter das Fruchtpüree rühren, im Kühlschrank oder im Tiefkühler vorkühlen.
4 Das gekühlte Püree in die laufende Eismaschine gießen und gefrieren lassen. Gefrierzeit: 25 bis 30 Minuten.

Himbeer-Jogurt-Cake

für eine Form von 20 cm Länge

2 Becher (360 g) Naturjogurt
300 g Himbeermark, Seite 13
80 g Zucker
1 Eiweiß von einem Freilandei
1 EL Zucker
1 Becher (1,8 dl/180 ml) Rahm/süße Sahne
250 g Himbeeren

1 Jogurt, Himbeermark und Zucker verrühren.

2 Das Eiweiß steif schlagen, den Zucker (1 EL) einrieseln lassen, kurz weiterschlagen.

3 Eischnee, Rahm und Himbeeren unter die Himbeermasse rühren, in die Form füllen. Den Cake im Tiefkühler fest werden lassen.

4 Zum Stürzen die Form für einige Sekunden in heißes Wasser tauchen, dann stürzen. Den Cake in 2 cm dicke Scheiben schneiden, anrichten.

Abbildung

Karamell-Jogurt-Eis

250 g Zucker
2–3 EL Wasser
1¼ dl/125 ml Milch oder Wasser
500 g Naturjogurt

1 Den Zucker am besten in einem Gusseisentopf oder in einem anderen hoch erhitzbaren Kochtopf karamellisieren. Sobald der Zucker flüssig und von hellbrauner Farbe ist, zuerst das Wasser, dann die Milch zufügen, kochen lassen, bis sich der Karamell vollständig aufgelöst hat.

2 Den Karamell im Eiswasser (Wasser mit Eiswürfeln) unter häufigem Rühren auskühlen lassen. Den Jogurt unterrühren.

3 Die Karamellmasse im Kühlschrank vorkühlen.

4 Die gekühlte Creme in die laufende Eismaschine gießen und gefrieren lassen. Gefrierzeit: 25 bis 30 Minuten.

Mandarinen-Fisch

für 4 Fisch-Förmchen von 2 dl/200 ml Inhalt

500 g Mandarinen (300 g Fruchtfilets)
2 Becher (360 g) Sauermilch
7 EL Zucker
1 Eiweiß von einem Freilandei
1 Becher (1,8 dl/180 ml) gut gekühlter Rahm/süße Sahne
150 g Mandarinenfilets

1 Die Mandarinen schälen, die Fruchtfilets, aus den Trennhäutchen lösen und entkernen.

2 Mandarinen, Sauermilch und 6 Esslöffel Zucker fein pürieren.

3 Das Eiweiß steif schlagen, den restlichen Zucker (1 EL) einrieseln lassen, weiterschlagen, bis die Masse glänzt.

4 Mandarinenfilets (150 g) aus den Trennhäutchen lösen und entkernen, klein schneiden.

5 Zuerst den Eischnee und den Rahm, dann die Mandarinenstückchen unter die Mandarinenmasse rühren. In die Fisch-Förmchen füllen. Im Tiefkühler fest werden lassen.

Tipp Die Fische etwa 15 Minuten vor dem Servieren aus der Form nehmen und im Kühlschrank antauen lassen, damit sie ihr Aroma voll entfalten können.

Heidelbeer-Pinguin

für 4 Pinguin-Förmchen von 2 dl/200 ml Inhalt

300 g Heidelbeeren/Blaubeeren
2 Becher (360 g) Naturjogurt
7 EL Zucker
1 Eiweiß von einem Freilandei
1 Becher (1,8 dl/180 ml) Rahm/süße Sahne
100 g Heidelbeeren/Blaubeeren

1 Die Heidelbeeren fein pürieren, durch ein Chromstahlsieb streichen. Das Heidelbeemark mit Jogurt und 6 Esslöffel Zucker verrühren.

2 Das Eiweiß zu Schnee schlagen, den restlichen Zucker (1 EL) einrieseln lassen, weiterschlagen, bis die Masse glänzt.

3 Zuerst den Eischnee und den Rahm, dann restliche Heidelbeeren unter die Masse rühren. In die Pinguin-Förmchen füllen. Im Tiefkühler fest werden lassen.

Tipp Pinguine etwa 15 Minuten vor dem Servieren aus der Form nehmen und im Kühlschrank antauen lassen, damit sie ihr Aroma voll entfalten können.

Pfefferminzeis

3 Eigelbe von Freilandeiern
100 g Zucker
2½ dl/250 ml Milch
4 EL Pfefferminzlikör
3 dl/300 ml Rahm/süße Sahne
oder Crème double

150 g After-Eights, grob gehackt
Pfefferminze für die Garnitur

1 Eigelbe und Zucker zu einer dickflüssigen Creme schlagen.
2 Die Milch erhitzen, unter ständigem Rühren zur Eigelbmasse geben. Die Creme in den Topf zurückgießen und unter ständigem Rühren bei schwacher Hitze kochen, bis sie bindet. Keinesfalls bei hoher Temperatur kochen, weil die Creme gerinnen würde. Den Pfefferminzlikör unterrühren.
3 Pfefferminzcreme im Eiswasser (Wasser mit Eiswürfeln) unter Rühren abkühlen lassen. Zum Vorkühlen in den Kühlschrank stellen. Öfters rühren, damit sich keine Haut bilden kann.
4 Rahm unter die Pfefferminzcreme rühren. Die Creme in die laufende Eismaschine gießen und gefrieren lassen. Gefrierzeit: 25 bis 30 Minuten. After-Eights mit dem Pfefferminzeis mischen.
Tipp Die Eiskugeln in Waffelcornets anrichten, mit Pfefferminzblättchen garnieren.

Abbildung

Vanilleeis

3 Eigelbe von Freilandeiern
100 g Zucker
2½ dl/250 ml Milch
1 Vanilleschote, aufgeschnitten
3 dl/300 ml Rahm/süße Sahne
oder Crème double

1 Eigelbe und Zucker zu einer dickflüssigen Creme schlagen.
2 Die Milch mit dem abgestreiften Vanillemark und der Vanilleschote erhitzen, die Vanilleschote entfernen. Die Vanillemilch unter ständigem Rühren zur Eigelbmasse geben. Creme in den Topf zurückgießen, unter ständigem Rühren bei schwacher Hitze kochen, bis sie bindet.
3 Die Vanillecreme im Eiswasser (Wasser mit Eiswürfeln) unter Rühren abkühlen lassen. Zum Vorkühlen in den Kühlschrank stellen. Öfters rühren, damit sich keine Haut bilden kann. Rahm unter die Vanillecreme rühren, in die laufende Eismaschine gießen, gefrieren lassen. Gefrierzeit: 25 bis 30 Minuten.
Variante Vanillemark durch 1 EL Mohnsamen ersetzen, mit der Milch erhitzen.

Mandeleis

½ l Milch
50 g geschälte, frisch geriebene Mandeln
5 Eigelbe von Freilandeiern
100 g Zucker
2–3 Tropfen Bittermandelaroma

trocken geröstete Mandelblättchen

1 Die Milch erhitzen, die Mandeln zufügen, auf der ausgeschalteten Wärmequelle 10 Minuten ziehen lassen.
2 Eigelbe und Zucker mit dem Bittermandelaroma zu einer dickflüssigen Creme aufschlagen. Milch unterrühren. Die Creme in den Kochtopf gießen, bei schwacher Hitze unter Rühren kochen, bis sie bindet.
3 Mandelcreme im Eiswasser (Wasser mit Eiswürfeln) unter Rühren abkühlen lassen. Im Kühlschrank vorkühlen, öfter rühren, damit sich keine Haut bilden kann. Creme in die laufende Eismaschine gießen. Gefrierzeit: 25 bis 30 Minuten.
4 Das Mandeleis portionieren, in den gerösteten Mandelblättchen wenden, nach Belieben in Waffel-Cornets anrichten.

Abbildung

Nusseis

½ l Milch
150 g erntefrische Baumnüsse/Walnüsse mit Schale (50 g gehackte Nüsse)
5 Eigelbe von Freilandeiern
100 g Zucker

1 Die Milch erhitzen, die gehackten Nüsse zufügen. Auf der ausgeschalteten Wärmequelle 10 Minuten ziehen lassen.
2 Die Eigelbe mit dem Zucker zu einer dickflüssigen Creme aufschlagen. Die Milch zufügen. Creme in den Kochtopf gießen, bei schwacher Hitze unter ständigem Rühren kochen, bis die Creme bindet. Keinesfalls bei hoher Temperatur kochen, weil die Creme gerinnen würde.
3 Die Nusscreme im Eiswasser (Wasser mit Eiswürfeln) unter Rühren abkühlen lassen. Im Kühlschrank vorkühlen, öfter rühren, damit sich keine Haut bilden kann. Creme in die laufende Eismaschine gießen. Gefrierzeit: 25 bis 30 Minuten.
Variante Es können auch getrocknete Baumnüsse/Walnüsse oder Haselnüsse verwendet werden. Rösten (sie werden aromatischer) und fein hacken.

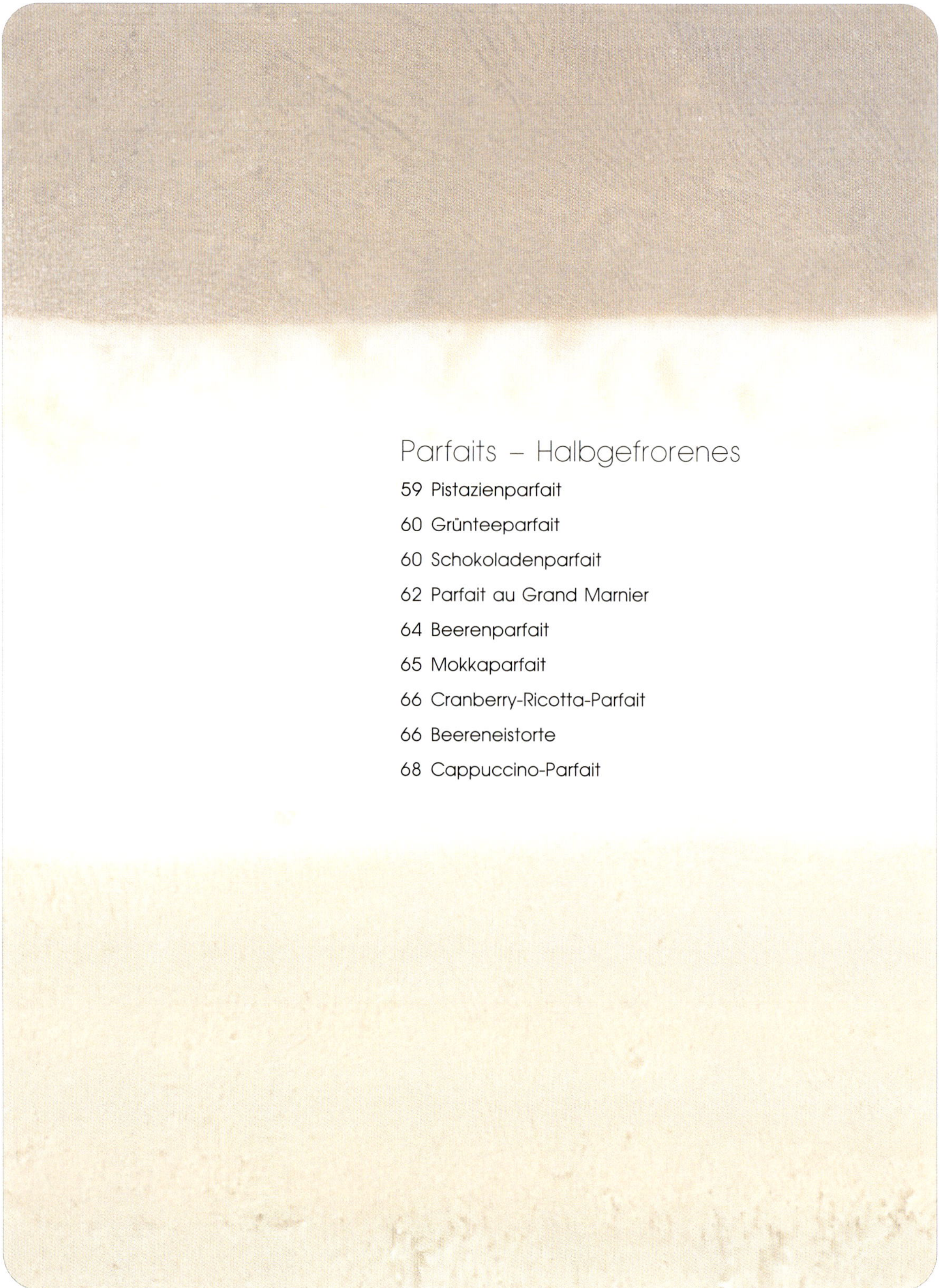

Parfaits – Halbgefrorenes

Pistazienparfait

160 g grüne Pistazien
80 g Zucker
2 dl/200 ml Milch
2 Eigelbe von Freilandeiern
2 Eiweiß
1 Msp Zucker
1 Prise Salz
2 Becher (3,6 dl/360 ml) Rahm/süße Sahne

1 140 g Pistazien mit dem Zucker im Cutter sehr fein hacken.

2 Pistaziengemisch und Milch aufkochen, in eine Schüssel umgießen, die Eigelbe unterrühren, unter zeitweiligem Rühren abkühlen lassen.

3 Eiweiß und Zucker sowie Salz zu Schnee schlagen.

4 Den Rahm steif schlagen.

5 Eischnee und Schlagrahm abwechslungsweise unter die Pistazienmasse rühren. In eine Tiefkühldose füllen. Gefrierzeit: 4 bis 5 Stunden.

6 Das Parfait portionieren. Nach Belieben in Schoko- oder Biskuitförmchen anrichten, restliche Pistazien darüber streuen.

Grünteeparfait

4 Eigelbe von Freilandeiern
125 g Zucker
2½ dl/250 ml Milch
2 TL japanisches Grünteepulver
2 EL Sake (japanischer Reiswein)
2 Becher (3,6 dl/360 ml)
Rahm/süße Sahne

Baumnuss-Brownies, Seite 89

1 Eigelbe und Zucker in einer Schüssel über dem heißen Wasserbad zu einer dickflüssigen Creme aufschlagen.
2 Die Milch erhitzen, das Grünteepulver unterrühren, unter die Eigelbmasse rühren. Bei Zimmertemperatur abkühlen lassen.
3 Sake und steif geschlagenen Rahm unter die Eigelbmasse rühren.
4 Die Parfaitmasse in eine geeignete Tiefkühldose füllen. Im Tiefkühler fest werden lassen. Gefrierzeit: 4 bis 5 Stunden.
Variante Für ein Vanilleparfait Grünteepulver und Sake durch 2 Vanilleschoten ersetzen. Diese aufschneiden und mit der Milch erhitzen, dann das Mark abstreifen und zur Milch geben.

Abbildung

Schokoladenparfait

3 Eigelbe von Freilandeiern
100 g Zucker
1¼ dl/125 ml Milch
200 g helle Couverture,
grob gehackt
2½ dl/250 ml Rahm/süße Sahne
3 Eiweiß
1 Prise Salz
wenig Zucker

1 Eigelbe und Zucker in einer Schüssel über dem heißen Wasserbad zu einer dickflüssigen Creme aufschlagen.
2 Die Milch erhitzen, unter die Eigelbmasse rühren. Couverture unterrühren, schmelzen lassen. Weiterrühren, bis die Masse abgekühlt ist.
3 Den Rahm steif schlagen, unter die Schokoladencreme ziehen.
4 Eiweiß, Salz und Zucker zu Schnee schlagen, den Eischnee unter die Creme heben.
5 Parfaitmasse in Portionenförmchen oder in eine geeignete Tiefkühldose füllen. Im Tiefkühler fest werden lassen. Gefrierzeit: 4 bis 5 Stunden.

Parfait au Grand Marnier

- 4 Eigelbe von Freilandeiern
- 100 g Zucker
- ½ dl/50 ml Milch
- 3 EL Grand Marnier
- 3½ dl/350 ml Rahm/süße Sahne
- 4 Eiweiß
- 1 Prise Salz
- 25 g Zucker

1 Eigelbe, Zucker und Milch in einer Schüssel über dem heißen Wasserbad zu einer dickflüssigen Creme aufschlagen. Die Schüssel in ein kaltes Wasserbad (Wasser mit Eiswürfeln) stellen, Eigelbmasse kalt schlagen. Grand Marnier unterrühren.

2 Den Rahm steif schlagen und unter die Eigelbcreme ziehen.

3 Eiweiß, Salz und Zucker zu Schnee schlagen, den Eischnee unter die Creme ziehen.

4 Die Parfaitmasse in Portionenförmchen oder in eine Tiefkühldose füllen. Im Tiefkühler fest werden lassen. Gefrierzeit: 4 bis 5 Stunden.

Varianten Für ein Lebkuchenparfait den Grand Marnier durch ¾ EL Lebkuchengewürz und ½ EL Zimtpulver und 2 EL Rum ersetzen. Für ein Zimtparfait den Grand Marnier durch 1¼ EL Zimtpulver und 2 EL Rum ersetzen. Für ein Parfait à la Williamine Grand Marnier durch 3 EL Williams (Birnenschnaps) ersetzen.

Parfait als Soufflé zubereiten Siehe Eis-Abc, Seite19.

Abbildung

Beerenparfait

4 Eigelbe von Freilandeiern
130 g Zucker
½ l Beerenmark, Seite 13
1 KL Beerenschnaps, z. B. Himbeergeist
2½ dl/250 ml Rahm/süße Sahne

1 Eigelbe, Zucker und etwa 1 dl/100 ml Beerenmark in einer Schüssel über dem heißen Wasserbad zu einer dickflüssigen Creme aufschlagen. Die Schüssel in kaltes Wasser (Wasser mit Eiswürfeln) stellen und die Creme kalt schlagen.

2 Restliches Beerenmark, Schnaps sowie steif geschlagenen Rahm unter die Eigelbmasse rühren.

3 Parfaitmasse in Portionenförmchen oder in eine geeignete Tiefkühldose füllen. Im Tiefkühler fest werden lassen. Gefrierzeit: 4 bis 5 Stunden.

Abbildung Ein Vanilleparfait gemäß Rezept Seite 60 (Variante zu Grünteeparfait) herstellen. Vanille- und Beerenparfait in Scheiben schneiden und abwechslungsweise auf Teller oder in Schalen anrichten.

Mokkaparfait

für 4 große Kaffeetassen

2 Eigelbe von Freilandeiern
40 g Zucker
1 dl/100 ml kalter starker Kaffee (Espresso)
2 Eiweiß
1 Msp Zucker
1 Prise Salz
1 dl/100 ml Rahm/süße Sahne

1 Eigelbe, Zucker und Kaffee in einer Schüssel über dem heißen Wasserbad zu einer dickflüssigen Creme aufschlagen. Die Schüssel in ein kaltes Wasserbad (Wasser mit Eiswürfeln) stellen und die Creme kalt schlagen.

2 Eiweiß mit Zucker und Prise Salz zu Schnee schlagen.

3 Den Rahm steif schlagen.

4 Den Eischnee und den Schlagrahm abwechslungsweise unter die Kaffeemasse ziehen.

5 Parfaitmasse in Kaffeetassen füllen. Gefrierzeit: 4 Stunden.

Cranberry-Ricotta-Parfait

150 g getrocknete, gesüßte Cranberries
1 dl/100 ml Cranberrysaft
4 Eigelbe von Freilandeiern
150 g Zucker
4 dl/400 ml Milch
1 Vanilleschote, aufgeschnitten
150 g Ricotta

1 Die Cranberries über Nacht im Cranberrysaft einweichen.
2 Eigelbe und Zucker in einer Schüssel über dem heißen Wasserbad zu einer dickflüssigen Creme aufschlagen. Aus dem Wasserbad nehmen.
3 Das Vanillemark abstreifen, zusammen mit der Schote und der Milch erhitzen, die Schote entfernen. Die Milch unter Rühren zur Eigelbmasse geben. Unter gelegentlichem Rühren abkühlen lassen. Ricotta und Cranberries unterrühren.
4 Die Cranberrymasse in eine geeignete Tiefkühldose füllen. Gefrierzeit: 4 bis 5 Stunden.
5 Vor dem Portionieren kurz in den Kühlschrank stellen.

Abbildung

Beereneistorte

Für eine runde Schüssel mit geradem Rand (Glas oder Porzellan) von 20 cm Durchmesser

4 Eigelbe von Freilandeiern
130 g Zucker
½ dl/50 ml Wasser
1½ dl/150 ml Himbeermark, Seite 13
1½ dl/150 ml Brombeermark, Seite 13
3 dl/300 ml Rahm/süße Sahne
4 Eiweiß
1 Prise Salz
20 g Zucker

1 Die Eigelbe und den Zucker in einer Schüssel über dem heißen Waserbad zu einer dickflüssigen Creme aufschlagen. Die Schüssel in kaltes Wasser (Wasser mit Eiswürfeln) stellen und die Creme kalt schlagen.
2 Den Rahm steif schlagen und unter die Eigelbmasse ziehen.
3 Das Eiweiß mit der Prise Salz und dem Zucker zu Schnee schlagen, unter die Eigelbmasse ziehen. In 3 Portionen teilen. Je eine Portion mit dem Himbeer- und dem Brombeerpüree mischen.
4 Die 3 Parfaitmassen nacheinander in die Schüssel füllen. Im Tiefkühler fest werden lassen. Gefrierzeit: 3 bis 4 Stunden.
Anrichten Die Schüssel kurz in heißes Wasser tauchen. Den Rand mit einem Messer lösen. Eistorte stürzen. Nach Belieben mit Schlagrahm und Früchten garnieren.

Cappuccino-Parfait

für eine beschichtete Cakeform von 1 l Inhalt

Schokoladenparfait

1 Eigelb von einem Freilandei
½ dl/50 ml Milch
50 g Zartbitter-Schokolade, fein gehackt
1 EL Orangenlikör, z. B. Grand Marnier
1 Eiweiß, steif geschlagen
½ dl/50 ml Halbrahm/süße Sahne, steif geschlagen

Espressoparfait

1 Eigelb von einem Freilandei
2 EL Zucker
½ dl/50 ml Espresso
1 Eiweiß, steif geschlagen
½ dl/50 ml Halbrahm/süße Sahne, steif geschlagen

Vanilleparfait

1 Eigelb von einem Freilandei
2 EL Zucker
½ dl/50 ml Milch
1 Vanilleschote, ausgekratztes Mark
1 Eiweiß, steif geschlagen
½ dl/50 ml Halbrahm/süße Sahne, steif geschlagen

Schokoblätter

1 Päckchen dunkle Kuchenglasur
Rosenblätter

1 Die drei Parfaitmassen nacheinander zubereiten.

2 Für eine Masse alle Zutaten, ohne Eischnee, in eine Schüssel geben und über dem heißen Wasserbad zu einer dickflüssigen Creme aufschlagen. Die Schüssel in ein kaltes Wasserbad (Wasser mit Eiswürfeln) stellen und die Creme kalt schlagen, den Eischnee und den Rahm vorsichtig unterheben.

3 Nun die zweite Parfaitmasse zubereiten: siehe Punkt 2.

4 Nun die dritte Parfaitmasse zubereiten: siehe Punkt 2.

5 Die drei Parfaitmassen nacheinander in die Cakeform füllen. Für eine schöne Marmorierung die drei Schichten mit einem Teelöffel leicht vermischen. Die Cakeform mit Klarsicht- und Alufolie verschließen. Mindestens 5 Stunden im Tiefkühler durchfrieren lassen.

6 Für die Schokoblätter die Kuchenglasur nach Packungsbeschrieb erwärmen. Die Rosenblätter auf der glatten Seite dünn mit der Schokolade bepinseln, im Tiefkühler fest werden lassen. Die grünen Blätter vorsichtig von den Schokoblättern abziehen. Die Schokoblätter bis zur Verwendung in den Tiefkühler legen.

7 Die Cakeform kurz in heißes Wasser tauchen, Cappuccino-Parfait stürzen, mit den Schokoblättern garnieren.

Eiskaffee

Zabaione

Wiener Eiskaffee

1 Kugel Vanilleeis (pro Person), Rezept Seite 54
1 Espresso

Den heißen Espresso in eine große Kaffeetasse geben. Die Vanilleeiskugel dazugeben. Sofort servieren.

Irish-Ice-Coffee

1 Espresso
1–2 Kugeln Vanilleeis (pro Person), Rezept Seite 54
2–3 EL Whiskey
flaumig geschlagener Rahm/süße Sahne

Den Espresso in ein hitzebeständiges Glas geben. Mit dem Whiskey parfümieren. 1 bis 2 Kugeln Vanilleeis dazugeben. Mit dem Rahm garnieren.

Swiss-Ice-Coffee

1 Espresso
1–2 Kugeln Vanilleeis (pro Person), Rezept Seite, 54
2–3 EL Kirsch oder Pflümli (Zwetschgenwasser)
flaumig geschlagener Rahm/süße Sahne

Den Espresso in ein hitzebeständiges Glas geben. Mit dem Kirsch oder Pflümli parfümieren. 1 bis 2 Kugeln Vanilleeis dazugeben. Mit dem Rahm garnieren.

Champagner-Trauben-Zabaione

3 Eigelbe von Freilandeiern
1 dl/100 ml Champagner
100 g Zucker
1 Becher (1,8 dl/180 ml) Rahm/süße Sahne

200 g kernenlose oder entkernte weiße Traubenbeeren

1 Eigelbe, Champagner und Zucker in einer Schüssel über dem heißen Wasserbad dickflüssig aufschlagen. Die Schüssel in kaltes Wasser (Wasser mit Eiswürfeln) stellen und die Zabaione kalt schlagen.

2 Den Rahm steif schlagen, mit den Traubenbeeren unter die Zabaione rühren. Die Masse in eine Cakeform füllen. Gefrierzeit: mindestens 12 Stunden.

Abbildung

Porto-Zabaione

4 Eigelbe von Freilandeiern
1¼ dl/125 ml Portwein
130 g Zucker
2½ dl/250 ml Rahm/süße Sahne

1 Die Eigelbe in eine Schüssel geben und über dem heißen Wasserbad cremig aufschlagen.

2 Portwein und Zucker erhitzen, unter ständigem Rühren zum Eigelb geben. Dazu am besten einen Stabmixer verwenden, damit sich die Zutaten gut verbinden.

3 Die Schüssel in kaltes Wasser (Wasser mit Eiswürfeln) stellen und die Zabaione kalt schlagen.

4 Den Rahm steif schlagen und unter die Zabaione heben.

5 Zabaione in Gläser, Puddingformen oder Kunststoffbecher füllen. Gefrierzeit: 4 bis 5 Stunden.

Varianten Für eine Sherry-Zabaione den Portwein durch die gleiche Menge Sherry ersetzen. Für eine Marsala-Zabaione den Portwein durch die gleiche Menge Marsala ersetzen.

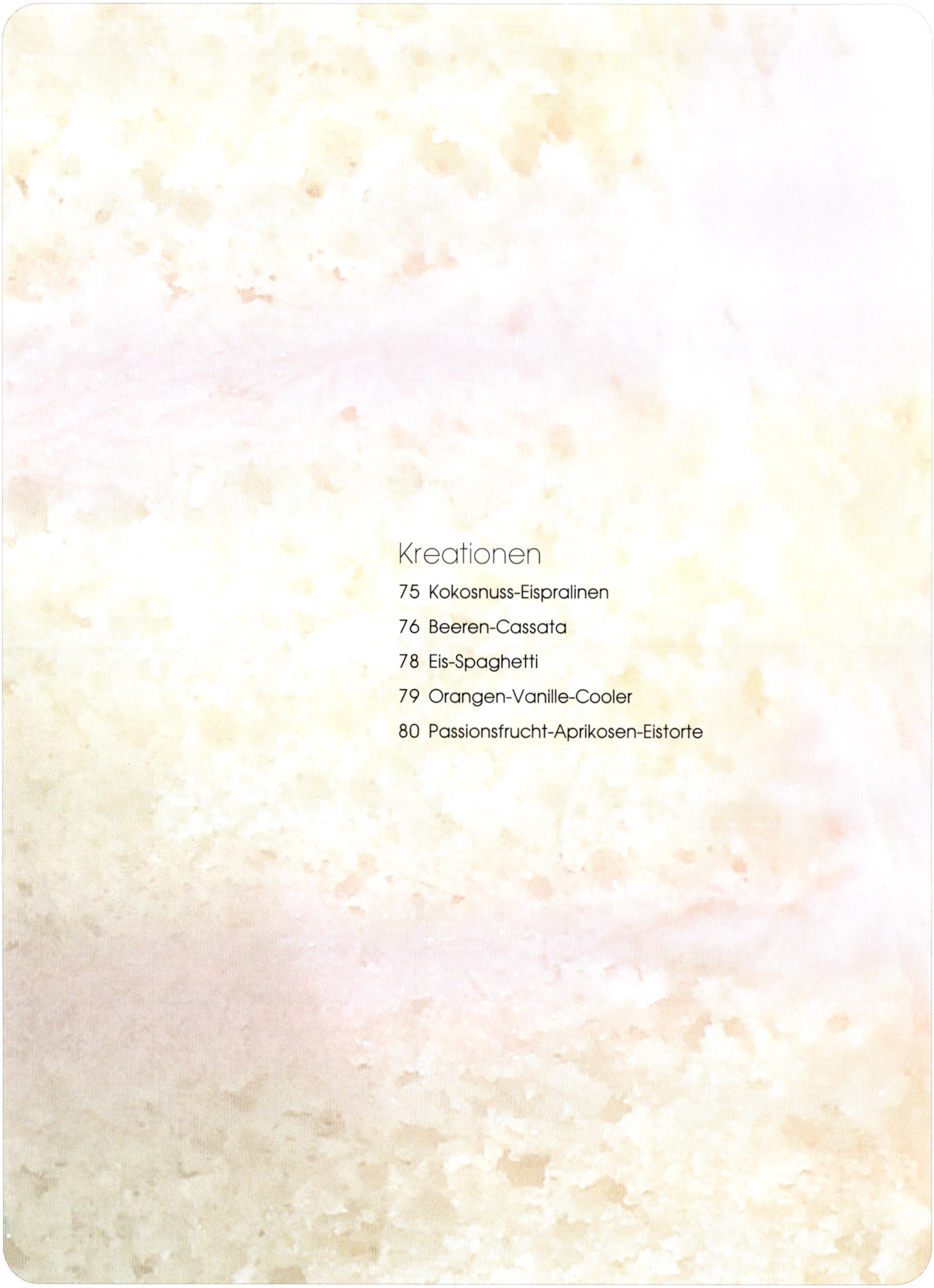

Kreationen

Kokosnuss-Eispralinen

für 4 Eispralinen

100 g Zartbitter-Schokolade
4 Kokosnussmakronen, Seite 87
4 Kugeln Kokosnusseis, Seite 41 (Vanilleeis)
6 El Kokosnussraspeln

1 Die Zartbitter-Schokolade zerbröckeln und in eine kleine Schüssel geben, über dem heißen Wasserbad schmelzen.

2 Die Kokosnussmakronen auf ein Kuchengitter über einem Teller legen, je eine Kugel Kokosnusseis darauf geben, etwas andrücken, mit der warmen Schokolade überziehen. Auf einen mit Kokosnussraspeln bestreuten Teller geben, bis zum Servieren in den Tiefkühler stellen.

Beeren-Cassata

für eine beschichtete Gugelhupfform von 1 l Inhalt oder eine beschichtete Springform von 20 cm Durchmesser

Biskuit
2 Eigelbe von Freilandeiern
1 Briefchen Vanillezucker
40 g Zucker
½ unbehandelte Orange
2 Eiweiß
1 Prise Salz, 1 EL Zucker
60 g Dinkel- oder Weizenweißmehl/Mehltype 405

Ricotta-Parfaitmasse
250 g gemischte Beeren oder nur eine Sorte
1 sehr frisches Eigelb von einem Freilandei
100 g flüssiger Honig, z. B. Akazienhonig
2 EL Orangensaft
250 g Ricotta
1 dl/100 ml Rahm/süße Sahne

Zum Zusammensetzen
2 dl/100 ml Orangensaft

1½ dl/150 ml Rahm/süße Sahne
1 Briefchen Vanillezucker
250 g Beeren

1 Gugelhupfform/Springform (Rand und Boden) mit weicher Butter einfetten. Kühl stellen. Backofen auf 180 °C vorheizen.
2 Eigelbe, Vanillezucker und Zucker in eine Schüssel geben, die Orangenschale (nur orange Teile) auf der Bircher-Rohkostreibe dazureiben. Die Masse mit dem Handmixer auf der höchsten Stufe etwa 5 Minuten sehr luftig aufschlagen.
3 Den Schneebesen waschen, damit er fettfrei ist, sonst wird das Eiweiß nicht steif. Das Eiweiß mit dem Salz steif schlagen, den Zucker zugeben und weiter schlagen, bis die Masse sehr steif ist und glänzt. Die Eigelbmasse auf den Eischnee geben. Das Mehl darüber sieben. Das Ganze mit einem Gummischaber vorsichtig mischen. Die Biskuitmasse in die Form füllen. Im unteren Drittel des vorgeheizten Backofens bei 180 °C etwa 25 Minuten backen. Die Form aus dem Ofen nehmen, etwas abkühlen lassen. Den Gugelhupf auf ein Gitter stürzen oder den Rand der Springform lösen und das Biskuit auf das Gitter stürzen. Die Form reinigen und nochmals mit Butter einfetten.
4 Für die Parfaitmasse die Beeren pürieren und durch ein Chromstahlsieb streichen, Rückstände gut ausdrücken. Eigelb, Honig und Orangensaft in eine Schüssel geben, über dem heißen Wasserbad zu einer dickflüssigen Masse aufschlagen. Schüssel vom Kochtopf nehmen, Ricotta sofort unterrühren. Den Rahm steif schlagen und vorsichtig unterheben.
5 Das Biskuit mit einem Sägemesser waagrecht zweimal durchschneiden. Biskuits und Füllung lagenweise in die Form schichten und Biskuits immer wieder mit Orangensaft beträufeln, mindestens 3 Stunden in den Tiefkühler stellen.
6 Die Cassata 20 Minuten vor dem Servieren stürzen, dazu die Form einige Sekunden in heißes Wasser tauchen. Den Rahm mit Vanillezucker steif schlagen, in einen Spritzsack mit Sterntülle füllen und die Cassata garnieren. Weitere 10 Minuten in den Kühlschrank stellen. Kurz vor dem Servieren mit Beeren garnieren. Am Tisch in Portionen schneiden.

Eis-Spaghetti

1 Rezeptmenge Vanilleeis, Seite 41
Fruchtpüree, Seite 13

Das Vanilleeis in eine Vermicelle-Presse oder in ein Spätzlichromstahlsieb füllen. Das Eis in vorgekühlte Schalen drücken. Oder das Vanilleeis in einen Spritzsack mit feiner Lochtülle füllen und spaghettiähnliche Fäden in die Schalen spritzen. Mit der Fruchtsauce garnieren.

Orangen-Vanille-Cooler

2 Kugeln Vanilleeis, Seite 41

1 Kugel Orangensorbet, Seite 26

1 Flasche gekühlte Gingerale

Strohhalme

Sonnenschirmchen nach Belieben

Eine Kugel Vanilleeis in ein hohes Glas geben. Darauf eine Kugel Orangensorbet und eine weitere Kugel Vanilleeis setzen. Alles mit Gingerale auffüllen. Mit Strohhalmen und nach Belieben mit Sonnenschirmchen servieren.

Passionsfrucht-Aprikosen-Eistorte

1 gekaufter Biskuitboden von 20 cm Durchmesser

2 dl/200 ml Passionsfruchtsaft
500 g Aprikosen
125 g Zucker
1 Eiweiß von einem Freilandei
1 Prise Salz
500 g Naturjoghurt
1½ dl/150 ml Halbrahm/süße Sahne
1 Briefchen Schlagrahm-/Sahnefestiger
200 g Aprikosenkonfitüre
6 Passionsfrüchte, Fruchtfleisch ausgeschabt

1 Das Biskuit waagrecht halbieren, eine Biskuithälfte auf eine Platte legen, mit der Hälfte (1 dl/100 ml) des Passionsfruchtsaftes beträufeln.

2 Die Aprikosen halbieren und entsteinen, den Stielansatz entfernen, die Fruchthälften mit Zucker und und dem restlichen Passionsfruchtsaft in einer Pfanne bei mittlerer Hitze weich garen, gelegentlich rühren. Die Aprikosen fein pürieren, durch ein Sieb streichen und auskühlen lassen.

3 Den Jogurt mit dem Aprikosenpüree glatt rühren. Das Eiweiß mit dem Salz steif schlagen. Den Halbrahm mit dem Schlagrahmfestiger steif schlagen. Den Eischnee und den Schlagrahm unter die Aprikosenmasse heben, ein Drittel der Aprikosenmasse auf dem Biskuitboden verteilen, zweiten Biskuitboden darauf legen. Den Rand und die Oberfläche mit der restlichen Aprikosenmasse bedecken. Die Aprikosenkonfitüre mit dem Passionsfruchtfleisch mischen, streifenförmig auf die Torte auftragen. Im Tiefkühler mindestens 8 Stunden gefrieren lassen. Anschließend mit Klarsichtfolie abdecken.

4 Die Torte 15 Minuten vor dem Servieren in den Kühlschrank stellen.

Gebäck

Vanille-Cornets

für ca. 20 Cornets

125 g Butter
125 g Zucker
1 Vanilleschote, abgestreiftes Mark
2 Freilandeier
275 g Dinkel- oder Weizenweißmehl/Mehltype 405
wenig lauwarmes Wasser

1 Butter, Zucker, Vanillemark sowie Eier zu einer luftigen Masse rühren. Das Mehl nach und nach unterrühren. So viel Wasser unterrühren, dass der Teig flüssig vom Löffel läuft. Den Teig bei Zimmertemperatur zugedeckt mindestens 30 Minuten, aber besser 2 Stunden ruhen lassen.

2 Das Waffeleisen aufheizen, eventuell einfetten. Aus dem Teig goldgelbe Rondellen backen. Noch heiß zu Cornets rollen, auskühlen lassen.

Feine Sandwaffeln

für 8–12 Waffeln

200 g weiche Butter
150 g Zucker
4 Freilandeier
1 unbehandelte Zitrone, abgeriebene Schale
150 g Dinkel-/oder Weizenweißmehl/Mehltype 405
100 g Weizenstärke, z. B. Epifin
1 TL phosphatfreies Backpulver

1 Butter, Zucker, Eier und abgeriebene Zitronenschale zu einer luftigen Masse rühren. Mehl, Weizenstärke und Backpulver zugeben, zu einem cremigen Teig rühren.
2 Das Waffeleisen aufheizen, eventuell einfetten. Aus dem Teig goldgelbe Waffeln backen.

Bananenwaffel

für 8–12 Waffeln

150 g weiche Butter
50 g flüssiger Blütenhonig
50 g Zucker
2 reife Bananen (200 g Fruchtfleisch)
½ Zitrone Saft
3 Freilandeier
100 g Dinkel- oder Weizenweißmehl/Mehltype 405
50 g Weizenstärke, z.B. Epifin
1 TL phosphatfreies Backpulver

1 Butter, Honig und Zucker zu einer luftigen Masse rühren.
2 Die Bananen schälen und zerkleinern, in eine Schüssel geben und mit einer Gabel fein zerdrücken, den Zitronensaft und die Eier unterrühren.
3 Mehl, Weizenstärke und Backpulver mischen.
4 Bananen-Ei-Mischung unter die Buttermasse rühren, die Mehlmischung zugeben, zu einem cremigen Teig rühren.
5 Das Waffeleisen aufheizen, eventuell einfetten. Aus dem Teig goldgelbe Waffeln backen.

Karotten-Mandel-Waffeln

für 8–12 Waffeln

125 g weiche Butter
200 g Zucker
1 Briefchen Bourbon-Vanillezucker
4 Eigelbe von Freilandeiern
1 EL Kirschwasser oder Zitronensaft
200 g Karotten
4 Eiweiß
100 g Dinkel- oder Weizenweißmehl/Mehltype 405
50 g Weizenstärke, z. B. Epifin
1 TL phosphatfreies Backpulver
100 g geriebene Mandeln
50 g Mandelstifte

1 Butter, Zucker, Vanillezucker, Eigelbe und Kirschwasser zu einer luftigen Masse rühren.

2 Karotten schälen und auf der Bircher-Rohkostreibe reiben, unter die Butter-Eigelb-Masse rühren.

3 Das Eiweiß steif schlagen.

4 Mehl, Weizenstärke, Backpulver, geriebene Mandeln und Mandelstifte mischen.

5 Eischnee und Mehlmischung abwechslungsweise unter die Butter-Eigelb-Masse heben.

6 Das Waffeleisen aufheizen, eventuell einfetten. Aus dem Teig goldgelbe Waffeln backen.

Kokosnuss-Makronen

für ca. 30 Stück

200 g Kokosnussraspeln
4 Eiweiß von Freilandeiern
200 g Puderzucker
300 g Marzipan-Rohmasse
2 EL Rum
1 unbehandelte Zitrone, abgeriebene Schale
100 g Zucker zum Bestreuen

1 Die Kokosnussraspeln auf ein Backblech verteilen, im Backofen bei 100 °C etwa 15 Minuten trocknen.

2 Das Eiweiß steif schlagen, die Hälfte des Puderzuckers zugeben, weiterschlagen, bis die Masse sehr fest ist und glänzt.

3 Den Eischnee löffelweise unter die Marzipan-Rohmasse rühren. Kokosnussraspeln, restlichen Puderzucker, Rum sowie Zitronenschalen zugeben, zu einem flockigen, zähflüssigen Teig verarbeiten.

4 Den Backofen auf 160 °C vorheizen. Ein großes Backblech mit Backpapier belegen.

5 Den Teig in einen Spritzbeutel mit großer Lochtülle füllen, auf das Blech Häufchen mit einem Druchmesser von ca. 4 cm spritzen. Die Makrönchen mit Zucker bestreuen.

6 Das Blech in der Mitte in den Ofen schieben, Makrönchen bei 160 °C 20 bis 25 Minuten backen. Sie sollen außen knusprig und innen noch weich sein. Herausnehmen, auf einem Kuchengitter auskühlen lassen.

Haselnuss-Makronen

ergibt ca. 30 Stück

200 g Marzipan-Rohmasse
100 g geriebene Haselnüsse
200 g Zucker
4 Eiweiß

1 Den Backofen auf 200 °C vorheizen. Den Rücken eines großen, rechteckigen Backbleches mit Backpapier belegen.
2 Die Marzipan-Rohmasse mit Haselnüssen, Zucker und einem Eiweiß zu einem glatten Teig kneten. Restliches Eiweiß unterrühren. Der Teig soll nicht schaumig werden.
3 Den Teig in einen Spritzbeutel mit großer Lochtülle füllen, Häufchen von 4 cm Durchmesser auf das Blech spritzen.
4 Das Blech in der Mitte in den Ofen schieben, die Makronen bei 200 °C 20 Minuten backen. Blech aus dem Ofen nehmen, die Makronen mit dem Backpapier vom Blech ziehen, auf dem Backpapier abkühlen lassen.

Schoko-Waffeln

für 8–12 Waffeln

125 g weiche Butter
50 g Zucker
1 Briefchen Vanillezucker
3 Eigelbe von Freilandeiern
1 EL Rum oder Orangenlikör
3 Eiweiß
100 g Zucker
100 g Dinkel- oder Weizenweißmehl/Mehltype 405
50 g Weizenstärke, z. B. Epifin
1 TL phosphatfreies Backpulver
50 g geriebene Haselnüsse
100 g Milchschokolade, grob gehackt

1 Butter, Zucker und Vanillezucker zu einer luftigen Masse rühren. Eigelbe und Rum nach und nach unterrühren.
2 Das Eiweiß steif schlagen, Zucker nach und nach einrieseln lassen und weiterschlagen, bis der Eischnee sehr fest ist und glänzt.
3 Mehl, Weizenstärke, Backpulver, Haselnüsse und Schokolade mischen.
4 Den Eischnee und die Mehlmischung abwechslungsweise unter die Butter-Eigelb-Masse ziehen.
5 Das Waffeleisen aufheizen, eventuell einfetten. Aus dem Teig goldgelbe Waffeln backen.

Baumnuss-Brownies

für eine hohe quadratische Form von 20 cm Länge oder eine Springform von 22 cm Durchmesser

200 g Zartbitter-Schokolade, grob gehackt
100 g Butterstückchen
3 Freilandeier
200 g Vollrohrzucker
1 Briefchen Bourbon-Vanille-zucker
½ TL Salz
180 g Vollkornmehl
100 g Baumnuss-/Walnusskerne, grob gehackt

1 Den Backofen auf 180 °C vorheizen. Die Form mit wenig weicher Butter einfetten, mit Backpapier sorgfältig auskleiden.
2 Schokolade und Butter in eine Schüssel geben, über dem heißen Wasserbad schmelzen. Schüssel aus dem Wasserbad nehmen, Schokomasse glatt rühren, wenig abkühlen lassen.
3 Eier, Zucker, Vanillezucker und Salz gut verrühren. Die noch warme Schokoladenmasse unterrühren. Das Mehl mit den Baumnüssen mischen, mit einem Gummischaber unterrühren. Den Teig in die vorbereitete Form füllen.
4 Das Blech im unteren Drittel in den Backofen schieben, die Brownies bei 180 °C 35 Minuten backen. Die Brownies sind fertig gebacken, wenn an einem eingestochenen Zahnstocher klebrige Krümel haften bleiben.
5 Die Brownies in der Form auf einem Kuchengitter etwa 2 Stunden auskühlen lassen. Aus der Form heben und erst kurz vor dem Servieren in Quadrate oder Rechtecke schneiden.
Aufbewahren Ungeschnittene Brownies in Klarsichtfolie einpacken. So sind sie im Kühlschrank bis zu einer Woche haltbar. Vor dem Servieren Zimmertemperatur annehmen lassen.

Register